普賢行願品　讀誦

보현행원품　독송

🪷 일러두기

1. 『독송본 한문·한글역 대방광불화엄경 보현행원품』은 계빈국 삼장 반야(般若)가 한역(795~798)한
40권 『대방광불화엄경』(「입부사의해탈경계보현행원품」) 제40권의 한문 원문과 한글역을 함께 수록
한 것이다. 한문에는 음사와 현토를 부기하였다.

2. 원문의 저본은 동국대学교에서 영인(影印. 1976)한 고려대장경(제36권) 실(實) 함(函)에 수록된 『대
방광불화엄경』(「입부사의해탈경계보현행원품」) 제40권이다.

3. 한글 번역은 동국역경원에서 발간한 한글 『대방광불화엄경』(운허)을 중심으로 하고 『대방광불화엄
경 강설』(여천무비) 그리고 최근의 여타 번역본 등을 참조하였다.

4. 저본의 원문에서 이체자의 경우 혼글이 제공하는 이체자는 대부분 그대로 살리고 용어로 상용되
거나 혼글이 제공하지 않는 글자는 통용되는 정자로 바꾸었다.

5. 한글 번역은 독송과 사경을 위하여 정확성과 아울러 가독성을 고려하였다. 극존칭은 부처님께만
사용하였다.

6. 독송본의 차례는 일러두기 → 본문 → 간행의 말씀이다.

7. 독송본의 한글역은 사경의 편의를 도모하기 위해 그 편집을 달리하여 『사경본 한글역 대방광불화
엄경 보현행원품』으로 함께 간행한다.

독송본 한문·한글역

대방광불화엄경 제40권
大方廣佛華嚴經 卷第四十

입부사의해탈경계보현행원품
入不思議解脫境界普賢行願品

반야삼장般若三藏 한역漢譯
수미해주 한글역

普賢
菩薩

大方廣佛華嚴經行願品變相

대방광불화엄경 보현행원품 변상도
국립중앙박물관 소장

대방광불화엄경 제40권

입부사의해탈경계보현행원품

대방광불화엄경
大方廣佛華嚴經

권제사십
卷第四十

입부사의해탈경계보현행원품
入不思議解脫境界普賢行願品

이시 보현보살마하살 칭탄여래승공덕
爾時에 普賢菩薩摩訶薩이 稱歎如來勝功德

이 고제보살 급선재언
已하시고 告諸菩薩과 及善財言하시니라

선남자 여래공덕 가사시방일체제불 경
善男子야 如來功德은 假使十方一切諸佛이 經

대방광불화엄경
제40권

입부사의해탈경계보현행원품

그때에 보현 보살마하살이 여래의 수승하신 공덕을 찬탄하고 나서 모든 보살들과 선재에게 말씀하였다.

"선남자여, 여래의 공덕은 가령 시방의 일체 모든 부처님께서 말할 수 없이 말할 수 없는

불가설불가설불찰극미진수겁　　　상속연
不可說不可說佛刹極微塵數劫토록　相續演

설　　　불가궁진　　　약욕성취차공덕문
說하야도　不可窮盡이니라　若欲成就此功德門인댄

응수십종광대행원
應修十種廣大行願이니라

하등　위십
何等이　爲十고

일자　예경제불　　이자　칭찬여래
一者는　禮敬諸佛이요　二者는　稱讚如來요

삼자　광수공양　　사자　참회업장
三者는　廣修供養이요　四者는　懺悔業障이요

오자　수희공덕　　육자　청전법륜
五者는　隨喜功德이요　六者는　請轉法輪이요

부처님 세계의 극히 미세한 티끌 수의 겁이 지나도록 계속 연설하시더라도 끝까지 다하지 못할 것이다. 만약 이 공덕문을 성취하려면 반드시 열 가지 넓고 큰 행원을 닦아야 한다.

무엇이 열인가?

첫째는 모든 부처님께 예경함이요,

둘째는 여래를 칭찬함이요,

셋째는 널리 공양을 닦음이요,

넷째는 업장을 참회함이요,

다섯째는 공덕을 따라 기뻐함이요,

여섯째는 법륜 굴리시기를 청함이요,

칠자 청불주세 팔자 상수불학
七者는 請佛住世요 八者는 常隨佛學이요

구자 항순중생 십자 보개회향
九者는 恒順衆生이요 十者는 普皆迴向이니라

선재 백언 대성 운하예경 내지
善財가 白言호대 大聖이시여 云何禮敬으로 乃至

회향
迴向이니잇고

보현보살 고선재언
普賢菩薩이 告善財言하시니라

일곱째는 부처님께서 세상에 머무르시기를 청함이요,

여덟째는 항상 부처님을 따라 배움이요,

아홉째는 항상 중생들을 수순함이요,

열째는 널리 다 회향함이다.”

선재가 말씀드렸다.

“큰 성인이시여, 어떻게 예경하며 내지 회향 합니까?”

보현 보살이 선재에게 말씀하였다.

선남자 언예경제불자   소유진법계허공
善男子야 言禮敬諸佛者는 所有盡法界虛空

계시방삼세일체불찰극미진수제불세존
界十方三世一切佛刹極微塵數諸佛世尊을

아이보현행원력고 기심신해   여대목
我以普賢行願力故로 起深信解하야 如對目

전   실이청정신어의업   상수예경
前하야 悉以淸淨身語意業으로 常修禮敬하나라

일일불소   개현불가설불가설불찰극미진
一一佛所에 皆現不可說不可說佛刹極微塵

수신   일일신   변례불가설불가설불찰
數身하야 一一身으로 徧禮不可說不可說佛刹

극미진수불
極微塵數佛이니라

허공계진   아례내진   이허공계 불
虛空界盡하면 我禮乃盡이어니와 而虛空界가 不

4

"선남자여, 모든 부처님께 예경한다는 것은, 있는 바 온 법계 허공계 시방 삼세 일체 부처님 세계의 극히 미세한 티끌 수의 모든 부처님 세존께 내가 보현의 행원력으로써 깊은 믿음과 이해를 일으켜, 마치 눈앞에서 뵙듯이 모두 청정한 몸과 말과 뜻의 업으로 항상 예경을 닦는 것이다.

낱낱 부처님 처소에 모두 말할 수 없이 말할 수 없는 부처님 세계의 극히 미세한 티끌 수의 몸을 나타내어, 낱낱 몸으로 말할 수 없이 말할 수 없는 부처님 세계의 극히 미세한 티끌 수의 부처님께 두루 예경하는 것이다.

가진고　　아차예경　　무유궁진　　여시내지
可盡故로 我此禮敬도 無有窮盡이며 如是乃至

중생계진　　중생업진　　중생번뇌진　　아
衆生界盡하고 衆生業盡하고 衆生煩惱盡이면 我

례내진　　　이중생계　　내지번뇌　　무유진
禮乃盡이어니와 而衆生界와 乃至煩惱가 無有盡

고　아차예경　무유궁진
故로 我此禮敬도 無有窮盡이니라

염념상속　　무유간단　　신어의업　　무유
念念相續하야 無有閒斷하야 身語意業이 無有

피염
疲厭이니라

부차선남자　언칭찬여래자　소유진법계
復次善男子야 言稱讚如來者는 所有盡法界

허공계가 다하면 나의 예경도 이에 다하려니와 허공계가 다할 수 없으므로 나의 이 예경도 끝까지 다함이 없으며, 이와 같이 내지 중생계가 다하고 중생의 업이 다하고 중생의 번뇌가 다하면 나의 예경도 이에 다하려니와, 중생계와 내지 번뇌가 다함이 없으므로 나의 이 예경도 끝까지 다함이 없다.

생각생각 상속하여 끊임이 없으나, 몸과 말과 뜻의 업은 피로해하거나 싫어함이 없다.

다시 또 선남자여, 여래를 칭찬한다는 것은,

허공계시방삼세일체찰토소유극미일일진
虛空界十方三世一切刹土所有極微一一塵

중　　개유일체세계극미진수불　　일일불
中에 皆有一切世界極微塵數佛하며 一一佛

소　　개유보살해회위요　　아당실이심심승
所에 皆有菩薩海會圍遶어든 我當悉以甚深勝

해현전지견　　각이출과변재천녀미묘설
解現前知見으로 各以出過辯才天女微妙舌

근　　일일설근　　출무진음성해　　일일음
根하야 一一舌根에 出無盡音聲海하며 一一音

성　　출일체언사해　　칭양찬탄일체여래제
聲에 出一切言辭海하야 稱揚讚歎一切如來諸

공덕해　　궁미래제　　상속부단　　진어법
功德海호대 窮未來際토록 相續不斷하야 盡於法

계　　무불주변
界하야 無不周徧이니라

있는 바 온 법계 허공계 시방 삼세 일체 세계에 있는 바 극히 미세한 낱낱 티끌 가운데 모두 일체 세계의 극히 미세한 티끌 수의 부처님이 계시며, 낱낱 부처님 처소에 모두 한량없는 보살들이 모여 둘러싸 모심에, 내가 마땅히 다 매우 깊고 수승한 이해와 앞에 나타난 지견으로 각각 변재천녀보다 나은 미묘한 혀를 내어, 낱낱 혀로 다함없는 음성바다를 내며 낱낱 음성으로 일체 언어바다를 내어서, 일체 여래의 모든 공덕바다를 드날려 찬탄하되, 미래제가 다하도록 상속하여 끊이지 아니하고 온 법계에 두루하지 않음이 없는 것이다.

여시허공계진　중생계진　중생업진
如是虛空界盡하며 衆生界盡하며 衆生業盡하며

중생번뇌진　아찬내진　이허공계
衆生煩惱盡이면 我讚乃盡이어니와 而虛空界와

내지번뇌　무유진고　아차찬탄　무유궁
乃至煩惱가 無有盡故로 我此讚歎도 無有窮

진
盡이니라

염념상속　무유간단　신어의업　무유
念念相續하야 無有間斷하야 身語意業이 無有

피염
疲厭이니라

부차선남자　언광수공양자　소유진법계
復次善男子야 言廣修供養者는 所有盡法界

이와 같이 허공계가 다하며 중생계가 다하며 중생의 업이 다하며 중생의 번뇌가 다하면 나의 찬탄도 이에 다하려니와, 허공계와 내지 번뇌가 다함이 없으므로 나의 이 찬탄도 끝까지 다함이 없다.

생각생각 상속하여 끊임이 없으나, 몸과 말과 뜻의 업은 피로해하거나 싫어함이 없다.

다시 또 선남자여, 널리 공양을 닦는다는 것은, 있는 바 온 법계 허공계 시방 삼세 일체 부처님 세계의 극히 미세한 티끌 가운데 낱낱

허공계시방삼세일체불찰극미진중　일일
虛空界十方三世一切佛刹極微塵中에　一一

각유일체세계극미진수불　일일불소　종
各有一切世界極微塵數佛하며　一一佛所에　種

종보살해회　위요　아이보현행원력고
種菩薩海會가　圍遶어든　我以普賢行願力故로

기심신해현전지견　실이상묘제공양구
起深信解現前知見하야　悉以上妙諸供養具로

이위공양
而爲供養이니라

소위화운　만운　천음악운　천산개운　천
所謂華雲과　鬘雲과　天音樂雲과　天傘蓋雲과　天

의복운　천종종향　도향　소향　말향
衣服雲과　天種種香과　塗香과　燒香과　末香이라

여시등운　일일양여수미산왕
如是等雲이　一一量如須彌山王하니라

마다 각각 일체 세계의 극히 미세한 티끌 수의 부처님이 계시며, 낱낱 부처님 처소에 갖가지 한량없는 보살들이 모여 둘러싸 모심에, 내가 보현의 행원력으로 깊은 신해와 앞에 나타나는 지견을 일으켜 모두 가장 미묘한 모든 공양거리로 공양 올리는 것이다.

이른바 꽃구름과 꽃다발구름과 하늘음악구름과 하늘일산구름과 하늘의복구름과 하늘갖가지 향과 바르는 향과 사르는 향과 가루향이니, 이와 같은 등 구름의 낱낱 양이 수미산왕과 같다.

갖가지 등불을 켜되 소등과 유등과 모든 향

연종종등　　소등유등　　제향유등　　일일
然種種燈호대 酥燈油燈과 諸香油燈이니 一一

등주　여수미산　　일일등유　여대해수
燈炷가 如須彌山하며 一一燈油가 如大海水하니라

이여시등제공양구　상위공양
以如是等諸供養具로 常爲供養이니라

선남자　제공양중　법공양　최　소위여설
善男子야 諸供養中에 法供養이 最니 所謂如說

수행공양　이익중생공양　섭수중생공양
修行供養과 利益衆生供養과 攝受衆生供養과

대중생고공양　근수선근공양　불사보살
代衆生苦供養과 勤修善根供養과 不捨菩薩

업공양　불리보리심공양
業供養과 不離菩提心供養이니라

선남자　여전공양무량공덕　비법공양일
善男子야 如前供養無量功德으로 比法供養一

유등이니, 낱낱 등의 심지가 수미산과 같으며 낱낱 등의 기름이 큰 바닷물과 같다.

이와 같은 모든 공양거리로 항상 공양 올리는 것이다.

선남자여, 모든 공양 가운데 법공양이 최상이니 이른바 설하심과 같이 수행하는 공양이며, 중생을 이롭게 하는 공양이며, 중생을 섭수하는 공양이며, 중생의 고통을 대신 받는 공양이며, 부지런히 선근을 닦는 공양이며, 보살업을 버리지 않는 공양이며, 보리심을 여의지 않는 공양이다.

선남자여, 앞과 같은 공양의 한량없는 공덕

념공덕　　백분　불급일　　천분　불급일
念功德컨대 百分에 不及一이며 千分에 不及一이며

백천구지나유타분　　가라분　산분　수분
百千俱胝那由他分과 迦羅分과 筭分과 數分과

유분　우파니사타분　　역불급일
諭分과 優婆尼沙陀分에도 亦不及一이니라

하이고　이제여래　존중법고　이여설수행
何以故오 以諸如來가 尊重法故며 以如說修行에

출생제불고
出生諸佛故라

약제보살　행법공양　　즉득성취공양여래
若諸菩薩이 行法供養하면 則得成就供養如來니

여시수행　시진공양고
如是修行이 是眞供養故니라

차광대최승공양　허공계진　　중생계진
此廣大最勝供養은 虛空界盡하며 衆生界盡하며

을 한 생각 법공양의 공덕에 비교한다면 백분의 일에도 미치지 못하며, 천분의 일에도 미치지 못하며, 백천구지나유타분과 가라분과 산분과 수분과 유분과 우파니사타분의 일에도 또한 미치지 못한다.

무슨 까닭인가? 모든 여래께서 법을 존중하시는 까닭이며, 설하심과 같이 수행함으로써 모든 부처님을 출생하시는 까닭이다.

만약 모든 보살들이 법공양을 행하면 곧 여래께 공양 올림을 성취하니, 이와 같은 수행이 진실한 공양인 까닭이다.

이 넓고 크고 가장 수승한 공양은 허공계

중생업진　　중생번뇌진　　아공내진
衆生業盡하며 **衆生煩惱盡**이면 **我供乃盡**이어니와

이허공계　　내지번뇌　　불가진고　　아차공양
而虛空界와 **乃至煩惱**가 **不可盡故**로 **我此供養**도

역무유진
亦無有盡이니라

염념상속　　　무유간단　　　신어의업　　무유
念念相續하야 **無有間斷**하야 **身語意業**이 **無有**

피염
疲厭이니라

부차선남자　　언참제업장자　　보살　　자념
復次善男子야 **言懺除業障者**는 **菩薩**이 **自念**호대

아어과거무시겁중　　유탐진치　　　발신구의
我於過去無始劫中에 **由貪瞋癡**하야 **發身口意**하야

가 다하며 중생계가 다하며 중생의 업이 다하며 중생의 번뇌가 다하면 나의 공양도 이에 다하려니와, 허공계와 내지 번뇌가 다할 수 없으므로 나의 이 공양도 또한 다함이 없다.

생각생각 상속하여 끊임이 없으나, 몸과 말과 뜻의 업은 피로해하거나 싫어함이 없다.

다시 또 선남자여, 업장을 참회한다는 것은, 보살이 스스로 생각하되 '내가 과거 비롯함이 없는 겁 가운데 탐욕과 성냄과 어리석음으로 말미암아 몸과 입과 뜻을 일으켜서 모든 악업

11

작제악업 무량무변 약차악업 유체상
作諸惡業이 無量無邊하니 若此惡業이 有體相

자 진허공계 불능용수
者인댄 盡虛空界에 不能容受리라

아금실이청정삼업 변어법계극미진찰일
我今悉以淸淨三業으로 徧於法界極微塵刹一

체제불보살중전 성심참회 후불부조
切諸佛菩薩衆前하야 誠心懺悔하고 後不復造하야

항주정계일체공덕
恒住淨戒一切功德이라하니라

여시허공계진 중생계진 중생업진
如是虛空界盡하며 衆生界盡하며 衆生業盡하며

중생번뇌진 아참내진 이허공계
衆生煩惱盡이면 我懺乃盡이어니와 而虛空界와

내지중생번뇌 불가진고 아차참회 무유
乃至衆生煩惱가 不可盡故로 我此懺悔도 無有

을 지음이 한량없고 가없으니, 만약 이 악업이 체상이 있다면 온 허공계로도 수용할 수 없을 것이다.

내가 이제 다 청정한 삼업으로써 법계의 극히 미세한 티끌 세계의 일체 모든 부처님과 보살 대중 앞에 두루 성심으로 참회하고 이후로 다시는 짓지 아니하며 항상 청정한 계의 일체 공덕에 머무르리라.'고 하는 것이다.

이와 같이 허공계가 다하며 중생계가 다하며 중생의 업이 다하며 중생의 번뇌가 다하면 나의 참회도 이에 다하려니와, 허공계와 내지 중생의 번뇌가 다할 수 없으므로 나의 이 참회

궁 진
窮盡이니라

염념상속　　무유간단　　신어의업　　무유
念念相續하야 **無有間斷**하야 **身語意業**이 **無有**

피 염
疲厭이니라

부차선남자　　언수희공덕자　　소유진법계
復次善男子야 **言隨喜功德者**는 **所有盡法界**

허공계시방삼세일체불찰극미진수제불여
虛空界十方三世一切佛刹極微塵數諸佛如

래　　종초발심　　　위일체지　　　근수복취
來가 **從初發心**으로 **爲一切智**하사 **勤修福聚**하야

불석신명　　경불가설불가설불찰극미진수
不惜身命하고 **經不可說不可說佛刹極微塵數**

도 끝까지 다함이 없다.

생각생각 상속하여 끊임이 없으나, 몸과 말과 뜻의 업은 피로해하거나 싫어함이 없다.

다시 또 선남자여, 공덕을 따라 기뻐한다는 것은, 있는 바 온 법계 허공계 시방 삼세 일체 부처님 세계의 극히 미세한 티끌 수의 모든 부처님 여래께서 처음 발심하심으로부터 일체지를 위하여 부지런히 복덕을 닦되 몸과 목숨을 아끼지 아니하시고, 말할 수 없이 말할 수 없는 부처님 세계의 극히 미세한 티끌 수의 겁을 지나는 동안 낱낱 겁 가운데 말할 수 없이 말

겁   일일겁중   사불가설불가설불찰극미
劫토록 一一劫中에 捨不可說不可說佛刹極微

진수두목수족
塵數頭目手足하시니라

여시일체난행고행   원만종종바라밀문
如是一切難行苦行으로 圓滿種種波羅蜜門하고

증입종종보살지지   성취제불무상보리
證入種種菩薩智地하야 成就諸佛無上菩提와

급반열반   분포사리   소유선근   아개수
及般涅槃에 分布舍利한 所有善根을 我皆隨

희
喜하니라

급피시방일체세계육취사생일체종류   소
及彼十方一切世界六趣四生一切種類의 所

유공덕   내지일진   아개수희   시방삼
有功德을 乃至一塵이라도 我皆隨喜하며 十方三

할 수 없는 부처님 세계의 극히 미세한 티끌

수의 머리와 눈과 손과 발을 보시하시었다.

　이와 같은 일체 난행과 고행으로 갖가지 바

라밀문을 원만히 하시며, 갖가지 보살의 지혜

의 지위에 증득해 들어가서 모든 부처님의 위

없는 보리를 성취하시며 그리고 열반에 드시

어 사리를 분포하신, 있는 바 선근을 내가 다

따라 기뻐하는 것이다.

　그리고 저 시방 일체 세계의 여섯 갈래에서

네 가지로 생겨나는 일체 종류의 있는 바 공

덕과 내지 한 티끌만 한 것이라도 내가 다 따

라 기뻐하며, 시방 삼세의 일체 성문과 벽지불

세 일체 성문 　 급 벽지불 　 유학무학 　 소유
世一切聲聞과 　 及辟支佛인 　 有學無學의 　 所有

공덕 　 아개수희 　 　 일체보살 　 소수무량난
功德을 　 我皆隨喜하며 　 一切菩薩의 　 所修無量難

행고행 　 　 지구무상정등보리 　 　 광대공덕
行苦行으로 　 志求無上正等菩提하는 　 廣大功德을

아개수희
我皆隨喜니라

여시허공계진 　 　 중생계진 　 　 중생업진
如是虛空界盡하며 　 衆生界盡하며 　 衆生業盡하며

중생번뇌진 　 　 아차수희 　 무유궁진
衆生煩惱盡하야도 　 我此隨喜는 　 無有窮盡이니라

염념상속 　 　 무유간단 　 　 신어의업 　 무유
念念相續하야 　 無有間斷하야 　 身語意業이 　 無有

피염
疲厭이니라

인 유학과 무학의 있는 바 공덕을 내가 다 따라 기뻐하며, 일체 보살의 닦은 바 한량없는 난행과 고행으로 뜻에 무상정등보리를 구하는 광대한 공덕을 내가 다 따라 기뻐하는 것이다.

이와 같이 허공계가 다하며 중생계가 다하며 중생의 업이 다하며 중생의 번뇌가 다하여도, 나의 이 따라 기뻐함은 끝까지 다함이 없다.

생각생각 상속하여 끊임이 없으나, 몸과 말과 뜻의 업은 피로해하거나 싫어함이 없다.

부차선남자　언청전법륜자　소유진법계
復次善男子야 言請轉法輪者는 所有盡法界

허공계시방삼세일체불찰극미진중　일일
虛空界十方三世一切佛刹極微塵中에 一一

각유불가설불가설불찰극미진수광대불
各有不可說不可說佛刹極微塵數廣大佛

찰　　일일찰중　염념유불가설불가설불찰
刹하며 一一刹中에 念念有不可說不可說佛刹

극미진수일체제불　성등정각　　일체보살
極微塵數一切諸佛이 成等正覺하사 一切菩薩

해회　위요　　이아실이신구의업　종종방
海會가 圍遶어든 而我悉以身口意業의 種種方

편　　은근권청　　전묘법륜
便으로 慇懃勸請하야 轉妙法輪이니라

여시허공계진　중생계진　중생업진
如是虛空界盡하며 衆生界盡하며 衆生業盡하며

다시 또 선남자여, 법륜 굴리시기를 청한다
는 것은, 있는 바 온 법계 허공계 시방 삼세
일체 부처님 세계의 극히 미세한 티끌 가운데
낱낱마다 각각 말할 수 없이 말할 수 없는 부
처님 세계의 극히 미세한 티끌 수의 광대한 부
처님 세계가 있으며, 낱낱 세계 가운데 생각생
각 말할 수 없이 말할 수 없는 부처님 세계의
극히 미세한 티끌 수의 일체 모든 부처님께서
등정각을 이루시어, 일체 한량없는 보살들이
모여 둘러싸 모심에, 내가 다 몸과 입과 뜻의
업의 갖가지 방편으로 미묘한 법륜 굴리시기
를 은근히 권청하는 것이다.

중생번뇌진　　아상권청일체제불　　전정
衆生煩惱盡하야도 我常勸請一切諸佛하야 轉正

법륜　무유궁진
法輪은 無有窮盡이니라

염념상속　　무유간단　　신어의업　무유
念念相續하야 無有閒斷하야 身語意業이 無有

피염
疲厭이니라

부차선남자　　언청불주세자　　소유진법계
復次善男子야 言請佛住世者는 所有盡法界

허공계시방삼세일체불찰극미진수제불여
虛空界十方三世一切佛刹極微塵數諸佛如

래　　장욕시현반열반자　　급제보살성문연
來가 將欲示現般涅槃者와 及諸菩薩聲聞緣

이와 같이 허공계가 다하며 중생계가 다하며 중생의 업이 다하며 중생의 번뇌가 다하여도, 나의 항상 일체 모든 부처님께 바른 법륜 굴리시기를 권청함은 끝까지 다함이 없다.

생각생각 상속하여 끊임이 없으나, 몸과 말과 뜻의 업은 피로해하거나 싫어함이 없다.

다시 또 선남자여, 부처님께 세상에 머무르시기를 청한다는 것은, 있는 바 온 법계 허공계 시방 삼세 일체 부처님 세계의 극히 미세한 티끌 수의 모든 부처님 여래께서 장차 열반에

각유학무학　　내지일체제선지식　　아실권
覺有學無學과 乃至一切諸善知識을 我悉勸

청　　막입열반　　경어일체불찰극미진수
請하야 莫入涅槃하야 經於一切佛刹極微塵數

겁　　위욕이락일체중생
劫토록 爲欲利樂一切衆生이니라

여시허공계진　　중생계진　　중생업진
如是虛空界盡하며 衆生界盡하며 衆生業盡하며

중생번뇌진　　아차권청　　무유궁진
衆生煩惱盡하야도 我此勸請은 無有窮盡이니라

염념상속　　무유간단　　신어의업　　무유
念念相續하야 無有間斷하야 身語意業이 無有

피염
疲厭이니라

드심을 나타내 보이시려는 분과, 그리고 모든 보살과 성문과 연각과 유학과 무학과 내지 일체 모든 선지식들에게 내가 다 권청하되 '열반에 들지 마시고 일체 부처님 세계의 극히 미세한 티끌 수의 겁을 지나도록 일체 중생을 이롭고 즐겁게 해주소서.'라고 하는 것이다.

이와 같이 허공계가 다하며 중생계가 다하며 중생의 업이 다하며 중생의 번뇌가 다하여도, 나의 이 권청은 끝까지 다함이 없다.

생각생각 상속하여 끊임이 없으나, 몸과 말과 뜻의 업은 피로해하거나 싫어함이 없다.

부차선남자 언상수불학자 여차사바세
復次善男子야 言常隨佛學者는 如此娑婆世

계비로자나여래 종초발심 정진불퇴
界毗盧遮那如來가 從初發心으로 精進不退하사

이불가설불가설신명 이위보시 박피
以不可說不可說身命으로 而爲布施하며 剝皮

위지 절골위필 자혈위묵 서사경
爲紙하고 折骨爲筆하고 刺血爲墨하야 書寫經

전 적여수미 위중법고 불석신명
典을 積如須彌하시니 爲重法故로 不惜身命이니라

하황왕위 성읍취락 궁전원림 일체소
何況王位와 城邑聚落과 宮殿園林과 一切所

유 급여종종난행고행
有와 及餘種種難行苦行이리오

내지수하 성대보리 시종종신통
乃至樹下에 成大菩提하사 示種種神通하며

다시 또 선남자여, 항상 부처님을 따라 배운 다는 것은, 이 사바세계의 비로자나 여래께서 처음 발심하심으로부터 정진하여 물러나지 아니하시고 말할 수 없이 말할 수 없는 몸과 목숨으로 보시하시며, 가죽을 벗겨 종이로 삼고 뼈를 쪼개어 붓으로 삼고 피를 뽑아 먹물로 삼아서 경전을 베껴 써서 쌓기를 수미산같이 하셨으니, 법을 존중하시는 까닭에 몸과 목숨을 아끼지 아니하시었다.

어찌 하물며 왕위와 성읍과 취락과 궁전과 원림과 일체 가진 것과 및 나머지 갖가지 난행과 고행이겠는가?

기종종변화 현종종불신 처종종중
起種種變化하며 現種種佛身하사 處種種衆

회
會하시니라

혹처일체제대보살중회도량 혹처성문급
或處一切諸大菩薩衆會道場하며 或處聲聞及

벽지불중회도량 혹처전륜성왕소왕권속
辟支佛衆會道場하며 或處轉輪聖王小王眷屬

중회도량 혹처찰리급바라문장자거사중
衆會道場하며 或處刹利及婆羅門長者居士衆

회도량 내지혹처천룡팔부인비인등중회
會道場하며 乃至或處天龍八部人非人等衆會

도량
道場하시니라

처어여시종종중회 이원만음 여대뇌
處於如是種種衆會하야 以圓滿音으로 如大雷

내지 보리수 아래에서 대보리를 이루시고,
갖가지 신통을 보이시며, 갖가지 변화를 일으
키시며, 갖가지 부처님 몸을 나타내시어 갖가
지 대중모임에 계시었다.

혹은 일체 모든 큰 보살들의 대중모임 도량
에 계시며, 혹은 성문과 벽지불의 대중모임 도
량에 계시며, 혹은 전륜성왕과 소왕과 권속의
대중모임 도량에 계시며, 혹은 찰제리와 바라
문과 장자와 거사의 대중모임 도량에 계시며,
내지 혹은 천룡팔부와 사람과 사람 아닌 것
등의 대중모임 도량에 계시었다.

이와 같은 갖가지의 대중모임에 계시며 원만

진　　수기낙욕　　성숙중생　　내지시현입
震하사 隨其樂欲하야 成熟衆生하며 乃至示現入

어열반
於涅槃이시니라

여시일체　아개수학　　여금세존비로자
如是一切를 我皆隨學하며 如今世尊毗盧遮

나　　　여시진법계허공계시방삼세일체불찰
那하야 如是盡法界虛空界十方三世一切佛刹

소유진중일체여래　개역여시　　어염념중
所有塵中一切如來도 皆亦如是어든 於念念中에

아개수학
我皆隨學이니라

여시허공계진　　중생계진　　중생업진
如是虛空界盡하며 衆生界盡하며 衆生業盡하며

중생번뇌진　　아차수학　무유궁진
衆生煩惱盡하야도 我此隨學은 無有窮盡이니라

한 음성을 큰 우레 소리와 같이 하여 그 욕락을 따라 중생을 성숙시키며 내지 열반에 듦을 나타내 보이셨다.

이와 같은 일체를 내가 다 따라 배우되 지금의 세존이신 비로자나께와 같이 하며, 이와 같이 온 법계 허공계 시방 삼세의 일체 부처님 세계의 있는 바 티끌 가운데 일체 여래께도 다 또한 이와 같이 하여, 생각생각 가운데 내가 다 따라 배우는 것이다.

이와 같이 허공계가 다하며 중생계가 다하며 중생의 업이 다하며 중생의 번뇌가 다하여도, 나의 이 따라 배움은 끝까지 다함이 없다.

염념상속　　무유간단　　신어의업　무유
念念相續하야 **無有間斷**하야 **身語意業**이 **無有**

피염
疲厭이니라

부차선남자　　언항순중생자　　위진법계허
復次善男子야 **言恒順眾生者**는 **謂盡法界虛**

공계시방찰해소유중생　　종종차별　　소위
空界十方刹海所有眾生의 **種種差別**이니 **所謂**

난생태생습생화생
卵生胎生濕生化生이니라

혹유의어지수화풍이생주자　　혹유의공급
或有依於地水火風而生住者하며 **或有依空及**

제훼목이생주자
諸卉木而生住者하니라

생각생각 상속하여 끊임이 없으나, 몸과 말과 뜻의 업은 피로해하거나 싫어함이 없다.

다시 또 선남자여, 항상 중생을 수순한다는 것은, 말하자면 온 법계 허공계 시방 세계바다의 있는 바 중생들이 갖가지로 차별하니, 이른바 난생과 태생과 습생과 화생이다.

혹은 땅과 물과 불과 바람을 의지하여 생겨나 머무르는 것도 있으며, 혹은 허공과 모든 풀과 나무를 의지하여 생겨나 머무르는 것도 있다.

종종생류　　종종색신　　종종형상　　종종상모
種種生類와　**種種色身**과　**種種形狀**과　**種種相貌**와

종종수량　　종종족류　　종종명호　　종종심성
種種壽量과　**種種族類**와　**種種名号**와　**種種心性**과

종종지견　　종종욕락　　종종의행　　종종위의
種種知見과　**種種欲樂**과　**種種意行**과　**種種威儀**와

종종의복　　종종음식　　　처어종종촌영취락
種種衣服과　**種種飲食**으로　**處於種種村營聚落**

성읍궁전
城邑宮殿하니라

내지일체천룡팔부인비인등　　무족이족
乃至一切天龍八部人非人等과　**無足二足**과

사족다족　유색무색　유상무상　비유상비
四足多足과　**有色無色**과　**有想無想**과　**非有想非**

무상
無想이니라

갖가지 중생 종류와 갖가지 색신과 갖가지 형상과 갖가지 모양과 갖가지 수명과 갖가지 종족과 갖가지 이름과 갖가지 심성과 갖가지 지견과 갖가지 욕락과 갖가지 뜻의 행과 갖가지 위의와 갖가지 의복과 갖가지 음식으로, 갖가지 시골 마을과 성읍과 궁전에 거처한다.

내지 일체 천룡팔부와 사람과 사람 아닌 것들과 발이 없는 것과 두 발 가진 것과 네 발 가진 것과 여러 발 가진 것과 몸이 있는 것과 몸이 없는 것과 생각이 있는 것과 생각이 없는 것과 생각이 있지도 않고 생각이 없지도 않는 것이다.

여시등류 아개어피 수순이전 종종승
如是等類를 我皆於彼에 隨順而轉하야 種種承

사 종종공양 여경부모 여봉사장
事하며 種種供養호대 如敬父母하며 如奉師長과

급아라한 내지여래 등무유이
及阿羅漢과 乃至如來하야 等無有異하니라

어제병고 위작양의 어실도자 시기정
於諸病苦에 爲作良醫하며 於失道者에 示其正

로 어암야중 위작광명 어빈궁자 영
路하며 於闇夜中에 爲作光明하며 於貧窮者에 令

득복장 보살 여시평등요익일체중생
得伏藏이니 菩薩이 如是平等饒益一切衆生하나니라

하이고 보살 약능수순중생 즉위수순
何以故오 菩薩이 若能隨順衆生하면 則爲隨順

공양제불 약어중생 존중승사 즉위
供養諸佛이며 若於衆生에 尊重承事하면 則爲

이와 같은 등 부류를 내가 다 그들에게 수순하여 굴려서 갖가지로 받들어 섬기며 갖가지로 공양하기를 부모같이 공경하며, 스승과 아라한과 내지 여래같이 받들어 동등하게 다름이 없이 한다.

모든 병고에 좋은 의사가 되며, 길을 잃은 자에게 그 바른 길을 보이며, 어두운 밤중에 광명이 되며, 빈궁한 자에게 묻혀 있는 보배를 얻게 하니, 보살이 이와 같이 평등하게 일체 중생을 요익하게 한다.

무슨 까닭인가? 보살이 만약 능히 중생을 수순하면 곧 모든 부처님을 수순하고 공양 올

존중승사여래　약령중생　　생환희자　　즉
尊重承事如來며 若令衆生으로 生歡喜者면 則

령일체여래　환희
令一切如來로 歡喜니라

하이고　제불여래　이대비심　　이위체고
何以故오 諸佛如來가 以大悲心으로 而爲體故로

인어중생　　이기대비　　인어대비　　생보
因於衆生하야 而起大悲하며 因於大悲하야 生菩

리심　　인보리심　　성등정각
提心하며 因菩提心하야 成等正覺하나니라

비여광야사적지중　　유대수왕　　약근득
譬如曠野沙磧之中에 有大樹王하니 若根得

수　지엽화과　　실개번무　　　생사광야보
水면 枝葉華果가 悉皆繁茂인달하야 生死曠野菩

리수왕　역부여시
提樹王도 亦復如是하니라

림이 되며, 만약 중생을 존중하여 받들어 섬기면 곧 여래를 존중하여 받들어 섬김이 되며, 만약 중생으로 하여금 환희를 내게 하면 곧 일체 여래를 환희하시게 하는 것이다.

무슨 까닭인가? 모든 부처님 여래는 대비심으로 체를 삼으시는 까닭에 중생으로 인하여 대비를 일으키시고, 대비로 인하여 보리심을 내시고, 보리심으로 인하여 등정각을 이루신다.

비유하면 광야의 모래벌판에 큰 나무가 있어 만약 뿌리가 물을 얻으면 가지와 잎과 꽃과 열매가 모두 다 번성하고 무성함과 같이, 생사 광야의 보리수왕도 또한 다시 이와 같다.

일체중생 이위수근 제불보살 이위
一切衆生으로 而爲樹根하고 諸佛菩薩로 而爲

화과 이대비수 요익중생 즉능성취
華果하야 以大悲水로 饒益衆生이면 則能成就

제불보살지혜화과
諸佛菩薩智慧華果하나니라

하이고 약제보살 이대비수 요익중생
何以故오 若諸菩薩이 以大悲水로 饒益衆生이면

즉능성취아뇩다라삼먁삼보리고
則能成就阿耨多羅三藐三菩提故라

시고 보리 속어중생 약무중생 일체
是故로 菩提가 屬於衆生이니 若無衆生이면 一切

보살 종불능성무상정각
菩薩이 終不能成無上正覺이니라

선남자 여어차의 응여시해 이어중생
善男子야 汝於此義에 應如是解니 以於衆生에

일체 중생이 나무뿌리가 되고, 모든 부처님과 보살들이 꽃과 열매가 되어, 대비의 물로써 중생들을 요익하면 곧 모든 부처님과 보살들의 지혜의 꽃과 열매를 성취할 수 있다.

무슨 까닭인가? 만약 모든 보살들이 대비의 물로써 중생들을 요익하면 곧 아뇩다라삼먁삼보리를 성취할 수 있기 때문이다.

그러므로 보리가 중생에게 속하니 만약 중생이 없으면 일체 보살이 마침내 위없는 정각을 이룰 수 없다.

선남자여, 그대는 이 뜻을 마땅히 이와 같이

심평등고　　즉능성취원만대비　　이대비
心平等故로 則能成就圓滿大悲하며 以大悲

심　　　수중생고　　즉능성취공양여래
心으로 隨衆生故로 則能成就供養如來니라

보살　　여시수순중생　　허공계진　　중생
菩薩이 如是隨順衆生하야 虛空界盡하며 衆生

계진　　　중생업진　　중생번뇌진　　아차
界盡하며 衆生業盡하며 衆生煩惱盡하야도 我此

수순　무유궁진
隨順은 無有窮盡이니라

염념상속　　무유간단　　신어의업　무유
念念相續하야 無有間斷하야 身語意業이 無有

피염
疲厭이니라

27

알아야 한다. 중생들에게 마음이 평등한 까닭에 곧 원만한 대비를 성취할 수 있으며, 대비심으로써 중생을 따르는 까닭에 곧 여래께 공양 올림을 성취할 수 있다.

보살이 이와 같이 중생들을 수순하니, 허공계가 다하며 중생계가 다하며 중생의 업이 다하며 중생의 번뇌가 다하여도, 나의 이 수순함은 끝까지 다함이 없다.

생각생각 상속하여 끊임이 없으나, 몸과 말과 뜻의 업은 피로해하거나 싫어함이 없다.

부차선남자　　언보개회향자　　종초예배　　내
復次善男子야 言普皆迴向者는 從初禮拜로 乃

지수순　　소유공덕　　개실회향진법계허공
至隨順히 所有功德을 皆悉迴向盡法界虛空

계일체중생
界一切衆生하나니라

원령중생　　상득안락　　무제병고　　욕행
願令衆生으로 常得安樂하야 無諸病苦하며 欲行

악법　　개실불성　　소수선업　　개속성취
惡法은 皆悉不成하고 所修善業은 皆速成就하며

관폐일체제악취문　　개시인천열반정로　　약
關閉一切諸惡趣門하고 開示人天涅槃正路하며 若

제중생　　인기적집제악업고　　소감일체극
諸衆生이 因其積集諸惡業故로 所感一切極

중고과　　아개대수　　영피중생　　실득해
重苦果를 我皆代受하야 令彼衆生으로 悉得解

다시 또 선남자여, 널리 다 회향한다는 것은, 처음 예배로부터 내지 수순의 있는 바 공덕을 모두 다 온 법계 허공계의 일체 중생에게 회향하는 것이다.

원하기를 '중생들로 하여금 항상 안락을 얻고 모든 병고가 없게 하며, 행하고자 하는 나쁜 짓은 모두 다 이루어지지 아니하고, 닦는 바 선업은 모두 속히 성취하며, 일체 모든 나쁜 갈래의 문은 닫아 폐하고, 인간과 천상에 열반의 바른 길을 열어 보이며, 만약 모든 중생들이 그 쌓아 모은 모든 악업으로 인하여 받게 되는 바 일체 극히 무거운 고통의 과보는

탈　　구경성취무상보리
脫하고 究竟成就無上菩提니라

보살　여시소수회향　허공계진　　중생계
菩薩의 如是所修迴向이 虛空界盡하며 衆生界

진　　중생업진　　중생번뇌진　　아차회
盡하며 衆生業盡하며 衆生煩惱盡하야도 我此迴

향　무유궁진
向은 無有窮盡이니라

염념상속　　무유간단　신어의업　무유
念念相續하야 無有間斷하야 身語意業이 無有

피염
疲厭이니라

선남자　시위보살마하살　십종대원　구족
善男子야 是爲菩薩摩訶薩의 十種大願이 具足

내가 모두 대신 받아서, 그 중생들로 하여금 다 해탈을 얻어 구경에 무상보리를 성취케 하여지이다.'라고 하는 것이다.

보살이 이와 같이 닦은 바를 회향하니, 허공계가 다하며 중생계가 다하며 중생의 업이 다하며 중생의 번뇌가 다하여도, 나의 이 회향은 끝까지 다함이 없다.

생각생각 상속하여 끊임이 없으나, 몸과 말과 뜻의 업은 피로해하거나 싫어함이 없다.

선남자여, 이것이 보살마하살의 열 가지 큰 원이 구족하게 원만한 것이다. 만약 모든 보살

원만   약제보살   어차대원   수순취입
圓滿이니 若諸菩薩이 於此大願에 隨順趣入하면

즉능성숙일체중생   즉능수순아뇩다라삼
則能成熟一切衆生하며 則能隨順阿耨多羅三

먁삼보리   즉능성만보현보살제행원해
藐三菩提하며 則能成滿普賢菩薩諸行願海하리니

시고   선남자   여어차의   응여시지
是故로 善男子야 汝於此義에 應如是知니라

약유선남자선여인   이만시방무량무변불
若有善男子善女人이 以滿十方無量無邊不

가설불가설불찰극미진수일체세계상묘칠
可說不可說佛刹極微塵數一切世界上妙七

들이 이 대원에 수순하여 나아가면 곧 능히 일체 중생을 성숙시키며, 곧 능히 아뇩다라삼먁삼보리를 수순하며, 곧 능히 보현 보살의 모든 행원바다를 원만하게 성취할 것이다. 그러므로 선남자여, 그대는 이 이치를 마땅히 이와 같이 알아야 한다.

만약 선남자 선여인이 시방의 한량없고 가없어 말할 수 없이 말할 수 없는 부처님 세계 극히 미세한 티끌 수의 일체 세계에 가득한 가장 미묘한 칠보와 모든 인간과 천상의 가장

보　급제인천　　최승안락　　　보시이소일체
寶와 及諸人天의 最勝安樂으로 布施爾所一切

세계소유중생　　공양이소일체세계제불보
世界所有衆生하며 供養爾所一切世界諸佛菩

살　　경이소불찰극미진수겁　　상속부
薩호대 經爾所佛刹極微塵數劫토록 相續不

단　　소득공덕　　약부유인　　문차원왕
斷하야 所得功德을 若復有人이 聞此願王하고

일경어이　　소유공덕　　　비전공덕　　백
一經於耳한 所有功德으로 比前功德하면 百

분　불급일　　천분　불급일　　내지우파니
分에 不及一이며 千分에 不及一이며 乃至優波尼

사타분　　역불급일
沙陀分에도 亦不及一이니라

혹부유인　　이심신심　　어차대원　수지독
或復有人이 以深信心으로 於此大願에 受持讀

수승한 안락으로써, 그러한 바 일체 세계의 있는 바 중생들에게 보시하며 그러한 바 일체 세계의 모든 부처님과 보살들께 공양 올리기를, 그러한 바 부처님 세계의 극히 미세한 티끌 수의 겁을 지나도록 계속하여 끊이지 않아서 얻는 바 공덕과, 만약 다시 어떤 사람이 이 원왕을 듣고 한 번 귀에 스쳐간 있는 바 공덕을 비교하면, 앞의 공덕은 백분의 일에도 미치지 못하며 천분의 일에도 미치지 못하며 내지 우파니사타분의 일에도 또한 미치지 못한다.

혹 다시 어떤 사람이 깊은 신심으로 이 대원

송   내지서사일사구게   속능제멸오무
誦하며 乃至書寫一四句偈하면 速能除滅五無

간업
間業하니라

소유세간신심등병   종종고뇌   내지불찰
所有世間身心等病의 種種苦惱와 乃至佛刹

극미진수일체악업   개득소제   일체마
極微塵數一切惡業이 皆得銷除하며 一切魔

군   야차나찰   약구반다   약비사사   약부
軍과 夜叉羅刹과 若鳩槃茶와 若毗舍闍와 若部

다등   음혈담육   제악귀신   개실원리
多等의 飮血噉肉하는 諸惡鬼神이 皆悉遠離하며

혹시발심   친근수호
或時發心하야 親近守護하리라

시고   약인   송차원자   행어세간   무유
是故로 若人이 誦此願者는 行於世間호대 無有

을 수지하거나 독송하거나 내지 한 사구게만이라도 베껴 쓴다면 다섯 가지 무간 지옥에 떨어질 죄업이라도 속히 제거해 없앨 수 있다.

있는 바 세간의 몸과 마음 등의 병과 갖가지 고뇌와 내지 부처님 세계의 극히 미세한 티끌 수의 일체 악업이 다 소멸하게 되며, 일체 마군과 야차와 나찰과 혹 구반다와 혹 비사사와 혹 부다 등, 피를 마시고 살을 먹는 모든 악귀 신이 모두 다 멀리 떠나며 혹은 때로 발심하여 가까이서 수호할 것이다.

그러므로 만약 이 원을 외우는 사람은 세간

장애　　　여공중월　　출어운예　　　제불보살
障礙호미 如空中月이 出於雲翳하야 諸佛菩薩

지소칭찬　　일체인천　　개응예경　　　일체
之所稱讚이며 一切人天이 皆應禮敬이며 一切

중생　　실응공양
衆生이 悉應供養이니라

차선남자　　선득인신　　원만보현　　소유공
此善男子는 善得人身하야 圓滿普賢의 所有功

덕　　　불구당여보현보살　　　속득성취미묘
德하야 不久當如普賢菩薩하며 速得成就微妙

색신　　　구삼십이대장부상
色身하야 具三十二大丈夫相하니라

약생인천　　　소재지처　　상거승족　　　실능
若生人天하면 所在之處에 常居勝族하야 悉能

파괴일체악취　　　실능원리일체악우　　　실
破壞一切惡趣하며 悉能遠離一切惡友하며 悉

에 다니더라도 장애가 없는 것이, 공중의 달이 구름 가린 데에서 벗어난 것과 같다. 모든 부처님과 보살들의 칭찬하시는 바이며, 일체 인간과 천신이 다 마땅히 예경하며, 일체 중생이 다 마땅히 공양할 것이다.

이 선남자는 사람 몸을 잘 받아서 보현의 있는 바 공덕을 원만히 하고, 오래지 않아 마땅히 보현 보살과 같이 미묘한 색신을 속히 성취하여 서른 두 가지 대장부 상을 갖출 것이다.

만약 인간이나 천상에 태어나면 가는 곳마다 항상 수승한 종족에 태어날 것이다. 일체

능제복일체외도　　실능해탈일체번뇌
能制伏一切外道하며　悉能解脫一切煩惱호미

여사자왕　　최복군수　　감수일체중생공
如師子王이　摧伏群獸하야　堪受一切衆生供

양
養하리라

우부시인　　임명종시최후찰나　　일체제
又復是人은　臨命終時最後刹那에　一切諸

근　　실개산괴　　일체친속　　실개사리
根이　悉皆散壞하며　一切親屬이　悉皆捨離하며

일체위세　　실개퇴실　　보상대신　　궁성내
一切威勢가　悉皆退失하며　輔相大臣과　宮城內

외　　상마거승　　진보복장　　여시일체　　무부
外와　象馬車乘과　珍寶伏藏인　如是一切가　無復

상수
相隨하나리라

나쁜 갈래를 모두 능히 파괴하며, 일체 나쁜 친구를 모두 능히 멀리 여의며, 일체 외도를 다 능히 항복받고, 일체 번뇌에서 다 능히 해탈하는 것이, 마치 사자왕이 뭇 짐승들을 꺾어 굴복시키는 것과 같으며 일체 중생의 공양을 받을 수 있을 것이다.

또 다시 이 사람이 목숨을 마칠 때에 다다른 최후 찰나에 일체 모든 근이 모두 다 무너져 흩어지며, 일체 친척 권속이 모두 다 버리고 떠나며, 일체 위세가 모두 다 잃어져, 고관대작과 궁성 안팎과 코끼리와 말과 수레와 진귀한 보배 창고 등, 이와 같은 일체가 다시 서로

유차원왕　　불상사리　　어일체시　　인도기
唯此願王은 不相捨離하야 於一切時에 引導其

전　　　일찰나중　　즉득왕생극락세계　　　도
前하야 一刹那中에 即得往生極樂世界하며 到

이　　즉견아미타불　　문수사리보살　　보현보
已에 即見阿彌陀佛과 文殊師利菩薩과 普賢菩

살　관자재보살　미륵보살등
薩과 觀自在菩薩과 彌勒菩薩等이니라

차제보살　　색상단엄　　공덕구족　　소공
此諸菩薩이 色相端嚴하며 功德具足하야 所共

위요
圍遶니라

기인　자견생연화중　　몽불수기　　득수
其人이 自見生蓮華中하야 蒙佛授記하고 得授

기이　　경어무수백천만억나유타겁　　보어
記已에 經於無數百千萬億那由他劫토록 普於

따르는 것이 없다.

오직 이 원왕만은 서로 버리고 여의지 아니하여 어느 때나 그 앞에서 인도하여 한 찰나 동안에 곧 극락세계에 왕생함을 얻고, 이르러서는 곧 아미타 부처님과 문수사리 보살과 보현 보살과 관자재 보살과 미륵 보살들을 친견할 것이다.

이 모든 보살들이 색상이 단엄하고 공덕이 구족하여 함께 둘러싸 있을 것이다.

그 사람은 연꽃 가운데 태어나서 부처님의 수기 받음을 스스로 보고, 수기를 받고는 무수한 백천만억 나유타 겁을 지나도록 널리 시

시방불가설불가설세계　　이지혜력　　수중
十方不可說不可說世界에 以智慧力으로 隨衆

생심　　이위이익
生心하야 而爲利益하나라

불구　당좌보리도량　　항복마군　　성등
不久에 當坐菩提道場하야 降伏魔軍하고 成等

정각　　전묘법륜　　능령불찰극미진수세
正覺하야 轉妙法輪하야 能令佛刹極微塵數世

계중생　　발보리심　　수기근성　　교화성
界衆生으로 發菩提心하야 隨其根性하야 敎化成

숙　　내지진어미래겁해　　광능이익일체
熟하며 乃至盡於未來劫海토록 廣能利益一切

중생
衆生하리라

선남자　피제중생　약문약신차대원왕
善男子야 彼諸衆生이 若聞若信此大願王하야

방의 말할 수 없이 말할 수 없는 세계에서 지혜의 힘으로 중생의 마음을 따라 이롭게 할 것이다.

오래지 아니하여 마땅히 보리도량에 앉아서 마군을 항복받고 등정각을 이루며, 미묘한 법륜을 굴리어, 능히 부처님 세계의 극히 미세한 티끌 수 세계의 중생들로 하여금 보리심을 내게 하고 그 근성을 따라 교화하여 성숙시키며, 내지 미래 겁바다를 다하도록 널리 일체 중생을 능히 이롭게 할 것이다.

선남자여, 그 모든 중생들이 이 큰 원왕을 혹 듣고 혹 믿으며 받아 지니고 독송하며 널

수지독송　　광위인설　　소유공덕　　제불
受持讀誦하고　廣爲人說하면　所有功德이　除佛

세존　　　여무지자
世尊하고는　餘無知者라

시고여등　　문차원왕　　막생의념　　응당체
是故汝等은　聞此願王에　莫生疑念하고　應當諦

수　　　수이능독　　　독이능송　　　송이능지
受하며　受已能讀하며　讀已能誦하며　誦已能持하며

내지서사　　광위인설
乃至書寫하야　廣爲人說이니라

시제인등　　어일념중　　소유행원　　개득성
是諸人等은　於一念中에　所有行願이　皆得成

취　　　소획복취　　무량무변　　능어번뇌대
就하며　所獲福聚가　無量無邊하야　能於煩惱大

고해중　　발제중생　　　영기출리　　개득왕
苦海中에　拔濟衆生하야　令其出離하야　皆得往

리 남을 위하여 설하면, 있는 바 공덕이 부처님 세존 외에는 알 자가 없다.

그러므로 그대들은 이 원왕을 들음에 의심을 내지 말고 마땅히 자세히 받으며, 받고는 능히 읽으며, 읽고는 능히 외우며, 외우고는 능히 지니며, 내지 베껴 쓰고, 널리 남을 위하여 설해야 할 것이다.

이 모든 사람들은 한 생각 가운데 있는 바 행원을 다 성취함을 얻으며, 얻는 바 복더미가 한량없고 가없어서 능히 번뇌의 큰 고통바다 가운데서 중생들을 구제하여, 그들로 하여금 벗어나서 모두 아미타 부처님의 극락세계에 왕

생아미타불극락세계
生阿彌陀佛極樂世界하리라

이시   보현보살마하살   욕중선차의   보
爾時에 普賢菩薩摩訶薩이 欲重宣此義하사 普

관시방   이설게언
觀十方하고 而說偈言하시니라

소유시방세계중   삼세일체인사자
所有十方世界中에   三世一切人師子를

아이청정신어의   일체변례진무여
我以淸淨身語意로   一切徧禮盡無餘호대

생함을 얻게 할 것이다."

　그때에 보현 보살마하살이 이 뜻을 거듭 펴려고 널리 시방을 관찰하고 게송을 설하여 말씀하였다.

있는 바 시방 세계 가운데
삼세의 일체 인사자를
내가 청정한 몸과 말과 뜻으로
일체에 두루 예경하여 다 남음이 없이 하며

보현행원위신력
普賢行願威神力으로

보현일체여래전
普現一切如來前하며

일신부현찰진신
一身復現刹塵身하야

일일변례찰진불
一一徧禮刹塵佛이로다

어일진중진수불
於一塵中塵數佛이

각처보살중회중
各處菩薩衆會中하니

무진법계진역연
無盡法界塵亦然이라

심신제불개충만
深信諸佛皆充滿하고

각이일체음성해
各以一切音聲海로

보출무진묘언사
普出無盡妙言辭하야

진어미래일체겁
盡於未來一切劫토록

찬불심심공덕해
讚佛甚深功德海로다

보현 행원의 위신력으로

일체 여래 앞에 널리 나타나며

한 몸으로 다시 세계 티끌 수 몸을 나타내어

일일이 세계 티끌 수 부처님께 두루 예경합니다.

한 티끌 가운데 티끌 수 부처님께서

각각 보살 대중모임 가운데 계시며

다함없는 법계의 티끌에도 또한 그러하여

모든 부처님께서 다 충만하심을 깊이 믿으며

각각 일체 음성바다로

다함없는 미묘한 언사를 널리 내어서

미래의 일체 겁을 다하도록

부처님의 매우 깊은 공덕바다를 찬탄합니다.

이제최승묘화만
以諸最勝妙華鬘과

기악도향급산개
妓樂塗香及傘蓋인

여시최승장엄구
如是最勝莊嚴具로

아이공양제여래
我以供養諸如來하며

최승의복최승향
最勝衣服最勝香과

말향소향여등촉
末香燒香與燈燭을

일일개여묘고취
一一皆如妙高聚하야

아실공양제여래
我悉供養諸如來하며

아이광대승해심
我以廣大勝解心으로

심신일체삼세불
深信一切三世佛하고

실이보현행원력
悉以普賢行願力으로

보변공양제여래
普徧供養諸如來로다

모든 가장 수승하고 미묘한 꽃과 꽃다발과

기악과 바르는 향과 일산과

이와 같은 가장 수승한 장엄거리로

내가 모든 여래께 공양 올리며

가장 수승한 의복과 가장 수승한 향과

가루향과 사르는 향과 등과 촛불을

낱낱이 모두 수미산 같은 무더기로

내가 다 모든 여래께 공양 올리며

내가 광대하고 수승한 이해의 마음으로

일체 삼세의 부처님을 깊이 믿으며

모두 보현의 행원력으로

모든 여래께 널리 두루 공양 올립니다.

아석소조제악업
我昔所造諸惡業이

개유무시탐에치
皆由無始貪恚癡라

종신어의지소생
從身語意之所生이니

일체아금개참회
一切我今皆懺悔로다

시방일체제중생
十方一切諸衆生과

이승유학급무학
二乘有學及無學과

일체여래여보살
一切如來與菩薩의

소유공덕개수희
所有功德皆隨喜로다

시방소유세간등
十方所有世間燈의

최초성취보리자
最初成就菩提者에

아금일체개권청
我今一切皆勸請하야

전어무상묘법륜
轉於無上妙法輪이로다

내가 옛적에 지은 바 모든 악업이

다 비롯함 없는 탐진치로 말미암아

몸과 말과 뜻을 따라 생겨난 것이니

일체를 내가 이제 모두 참회합니다.

시방 일체 모든 중생들과

이승과 유학 및 무학과

일체 여래와 보살들의

있는 바 공덕을 다 따라 기뻐합니다.

시방의 있는 바 세간의 등불과

최초에 보리를 성취하신 분께

내가 이제 일체 다

위없는 미묘한 법륜 굴리시길 권청합니다.

제불약욕시열반
諸佛若欲示涅槃에

아실지성이권청
我悉至誠而勸請호대

유원구주찰진겁
唯願久住刹塵劫하사

이락일체제중생
利樂一切諸衆生이로다

소유예찬공양복
所有禮讚供養福과

청불주세전법륜
請佛住世轉法輪과

수희참회제선근
隨喜懺悔諸善根을

회향중생급불도
迴向衆生及佛道로다

아수일체여래학
我隨一切如來學하야

수습보현원만행
修習普賢圓滿行호대

공양과거제여래
供養過去諸如來와

급여현재시방불
及與現在十方佛과

모든 부처님께서 열반을 보이시려 하면
내가 다 지성으로 오직 원하오니
세계 티끌 수 겁 동안 오래 머무르시어
일체 모든 중생들을 즐겁게 해주시길 권청합니다.

있는 바 예경하고 칭찬하며 공양 올린 복과
부처님께 세간에 머무르시고 법륜 굴리시길 청함과
따라 기뻐하고 참회한 모든 선근을
중생들과 불도에 회향합니다.

내가 일체 여래를 따라 배워서
보현의 원만한 행을 닦아 익히되
과거 모든 여래와
현재 시방의 부처님과

미래일체천인사
未來一切天人師하야

일체의락개원만
一切意樂皆圓滿이니

아원보수삼세학
我願普隨三世學하야

속득성취대보리
速得成就大菩提로다

소유시방일체찰
所有十方一切刹의

광대청정묘장엄
廣大淸淨妙莊嚴에

중회위요제여래
衆會圍遶諸如來가

실재보리수왕하
悉在菩提樹王下하시며

시방소유제중생
十方所有諸衆生을

원리우환상안락
願離憂患常安樂하야

획득심심정법리
獲得甚深正法利하야

멸제번뇌진무여
滅除煩惱盡無餘로다

미래 일체 천인사께 공양 올리어

일체 뜻의 즐거움을 다 원만히 하며

내 원하오니 널리 삼세를 따라 배워서

속히 대보리를 성취하여지이다.

있는 바 시방 일체 세계의

광대하고 청정하며 미묘한 장엄에

대중들이 모여 모든 여래를 둘러싸 모시어

다 보리수왕 아래에 계시니

시방의 있는 바 모든 중생들이

근심 걱정을 여의고 항상 안락하며

매우 깊고 바른 법의 이익을 얻어서

번뇌를 멸해 없애어 다 남음이 없기를 원합니다.

아 위 보 리 수 행 시
我爲菩提修行時에

일 체 취 중 성 숙 명
一切趣中成宿命하고

상 득 출 가 수 정 계
常得出家修淨戒하야

무 구 무 파 무 천 루
無垢無破無穿漏하며

천 룡 야 차 구 반 다
天龍夜叉鳩槃茶와

내 지 인 여 비 인 등
乃至人與非人等의

소 유 일 체 중 생 어
所有一切衆生語를

실 이 제 음 이 설 법
悉以諸音而說法이로다

근 수 청 정 바 라 밀
勤修淸淨波羅蜜하며

항 불 망 실 보 리 심
恒不忘失菩提心하야

멸 제 장 구 무 유 여
滅除障垢無有餘하야

일 체 묘 행 개 성 취
一切妙行皆成就하고

내가 보리를 위하여 수행할 때에
일체 갈래 중에서 숙명통을 이루고
항상 출가하여 청정한 계를 닦아서
때가 없고 파함도 없고 새어나옴도 없으며

천신과 용왕과 야차와 구반다와
내지 사람과 사람 아닌 것 등
있는 바 일체 중생의 말을
다 모든 음성으로 설법하며

청정한 바라밀을 부지런히 닦아서
항상 보리심을 잊지 않으며
장애와 때를 남김없이 멸하여 없애고
일체 미묘한 행을 다 성취하며

어 제 혹 업 급 마 경
於諸惑業及魔境과

세 간 도 중 득 해 탈
世間道中得解脫하야

유 여 연 화 불 착 수
猶如蓮華不著水하며

역 여 일 월 부 주 공
亦如日月不住空이로다

실 제 일 체 악 도 고
悉除一切惡道苦하고

등 여 일 체 군 생 락
等與一切群生樂호대

여 시 경 어 찰 진 겁
如是經於刹塵劫토록

시 방 이 익 항 무 진
十方利益恒無盡하며

아 상 수 순 제 중 생
我常隨順諸衆生하야

진 어 미 래 일 체 겁
盡於未來一切劫토록

항 수 보 현 광 대 행
恒修普賢廣大行하야

원 만 무 상 대 보 리
圓滿無上大菩提로다

모든 혹업과 마군 경계와

세간의 길 가운데 해탈을 얻으니

마치 연꽃에 물이 묻지 않음과 같고

또한 해와 달이 허공에 머무르지 않음과 같도다.

일체 악도의 고통을 모두 없애고

평등하게 일체 군생에게 즐거움을 주되

이와 같이 세계 티끌 수 겁을 지나도록

시방을 이익케 하여 항상 다함없도다.

내가 항상 모든 중생들을 수순하여

미래 일체 겁을 다하도록

항상 보현의 광대한 행을 닦아서

위없는 대보리를 원만히 하리라.

소유여아동행자
所有與我同行者가

어일체처동집회
於一切處同集會하야

신구의업개동등
身口意業皆同等하야

일체행원동수학
一切行願同修學하며

소유익아선지식
所有益我善知識이

위아현시보현행
爲我顯示普賢行하고

상원여아동집회
常願與我同集會하야

어아상생환희심
於我常生歡喜心이로다

원상면견제여래
願常面見諸如來와

급제불자중위요
及諸佛子衆圍遶하고

어피개흥광대공
於彼皆興廣大供하야

진미래겁무피염
盡未來劫無疲厭하며

있는 바 나와 더불어 동행하는 자가

일체 처에 함께 모이어

몸과 입과 뜻의 업이 모두 동등하여

일체 행원을 같이 수학하며

있는 바 나를 이롭게 하는 선지식도

나를 위하여 보현의 행을 나타내 보이고

항상 원하오니 나와 함께 모이어

나에게 항상 환희심을 내어지이다.

원하오니 항상 모든 여래와

모든 불자 대중들이 둘러싸 모심을 뵙고

그들에게 다 넓고 큰 공양 올리기를

미래겁이 다하도록 지치지 않아지이다.

원지제불미묘법
願持諸佛微妙法하야

광현일체보리행
光顯一切菩提行하고

구경청정보현도
究竟淸淨普賢道하야

진미래겁상수습
盡未來劫常修習이로다

아어일체제유중
我於一切諸有中에

소수복지항무진
所修福智恒無盡하야

정혜방편급해탈
定慧方便及解脫에

획제무진공덕장
獲諸無盡功德藏하며

일진중유진수찰
一塵中有塵數刹하고

일일찰유난사불
一一刹有難思佛이어든

일일불처중회중
一一佛處衆會中에

아견항연보리행
我見恒演菩提行이로다

원하오니 모든 부처님의 미묘한 법을 지니어
일체 보리행을 빛나게 나타내며
구경에 보현의 길을 깨끗이 하여
미래겁이 다하도록 항상 닦아 익혀지이다.

내가 일체 모든 존재 가운데
닦은 바 복덕과 지혜가 항상 다함없으며
선정 지혜 방편과 해탈로
모든 다함없는 공덕장을 얻으며

한 티끌 가운데 티끌 수의 세계가 있고
낱낱 세계에 사의하기 어려운 부처님이 계시는데
낱낱 부처님 처소의 대중모임 가운데
항상 보리행 연설하심을 내가 뵙습니다.

보진시방제찰해
普盡十方諸刹海와

일일모단삼세해
一一毛端三世海와

불해급여국토해
佛海及與國土海하야

아변수행경겁해
我徧修行經劫海로다

일체여래어청정
一切如來語淸淨하사

일언구중음성해
一言具衆音聲海하야

수제중생의락음
隨諸衆生意樂音하야

일일유불변재해
一一流佛辯才海하며

삼세일체제여래
三世一切諸如來가

어피무진어언해
於彼無盡語言海로

항전이취묘법륜
恒轉理趣妙法輪이어든

아심지력보능입
我深智力普能入이로다

널리 온 시방의 모든 세계바다와

낱낱 터럭 끝의 삼세바다와

부처님바다와 국토바다에서

겁바다를 지나도록 내가 두루 수행합니다.

일체 여래의 말씀이 청정하심이여,

한 말씀이 온갖 음성바다를 갖추고

모든 중생들의 뜻에 즐겨하는 음성을 따라

낱낱이 부처님의 변재바다를 흘려내도다.

삼세의 일체 모든 여래께서

그 다함없는 언어바다로

항상 이치의 묘한 법륜을 굴리시니

내가 깊은 지혜의 힘으로 널리 능히 들어가리라.

아능심입어미래
我能深入於未來하야

진일체겁위일념
盡一切劫爲一念하고

삼세소유일체겁
三世所有一切劫으로

위일념제아개입
爲一念際我皆入하며

아어일념견삼세
我於一念見三世의

소유일체인사자
所有一切人師子하고

역상입불경계중
亦常入佛境界中의

여환해탈급위력
如幻解脫及威力이로다

어일모단극미중
於一毛端極微中에

출현삼세장엄찰
出現三世莊嚴刹하고

시방진찰제모단
十方塵刹諸毛端에

아개심입이엄정
我皆深入而嚴淨하며

49

내가 능히 미래에 깊이 들어가서

일체의 모든 겁을 일념으로 삼고

삼세에 있는 바 일체의 겁을

일념의 즈음으로 삼아 내가 다 들어가리라.

내가 한 생각에 삼세의

계시는 바 일체 인사자를 뵙고

또한 항상 부처님 경계 가운데 들어감은

환과 같은 해탈과 위신력이로다.

한 터럭 끝의 극히 미세한 것 가운데

삼세의 장엄한 세계가 나타나며

시방 티끌세계의 모든 터럭 끝에

내가 다 깊이 들어가 깨끗이 장엄하리라.

소유미래조세등
所有未來照世燈이

성도전법오군유
成道轉法悟群有하사

구경불사시열반
究竟佛事示涅槃이어든

아개왕예이친근
我皆往詣而親近이로다

속질주변신통력
速疾周徧神通力과

보문변입대승력
普門徧入大乘力과

지행보수공덕력
智行普修功德力과

위신보부대자력
威神普覆大慈力과

변정장엄승복력
徧淨莊嚴勝福力과

무착무의지혜력
無著無依智慧力과

정혜방편제위력
定慧方便諸威力과

보능적집보리력
普能積集菩提力과

있는 바 미래의 세간을 비추는 등불이
성도하고 법륜 굴려 중생들을 깨닫게 하시며
구경에 불사로 열반을 보이시리니
내가 다 나아가 친근하리라.

속히 두루하는 신통의 힘과
넓은 문에 두루 들어가는 대승의 힘과
지혜와 행을 널리 닦는 공덕의 힘과
위신력으로 널리 덮는 대자의 힘과

두루 깨끗하게 장엄한 수승한 복덕의 힘과
집착이 없고 의지함이 없는 지혜의 힘과
선정과 지혜와 방편의 모든 위엄의 힘과
널리 능히 쌓아 모은 보리의 힘과

청정일체선업력
清淨一切善業力과

최멸일체번뇌력
摧滅一切煩惱力과

항복일체제마력
降伏一切諸魔力과

원만보현제행력
圓滿普賢諸行力으로

보능엄정제찰해
普能嚴淨諸刹海하며

해탈일체중생해
解脫一切衆生海하며

선능분별제법해
善能分別諸法海하며

능심심입지혜해
能甚深入智慧海하며

보능청정제행해
普能清淨諸行海하며

원만일체제원해
圓滿一切諸願海하며

친근공양제불해
親近供養諸佛海하며

수행무권경겁해
修行無倦經劫海하며

청정한 일체 선업의 힘과
일체 번뇌를 꺾어 소멸한 힘과
일체 모든 마군을 항복받는 힘과
보현의 모든 행을 원만하게 한 힘으로

널리 능히 모든 세계바다를 깨끗이 장엄하며
일체 중생바다를 해탈케 하며
모든 법바다를 잘 능히 분별하며
능히 지혜바다에 매우 깊이 들어가며

널리 능히 모든 행바다를 청정히 하며
일체 모든 원바다를 원만히 하며
모든 부처님바다를 친근하고 공양 올리며
겁바다를 지나도록 게으름 없이 수행하리라.

삼세일체제여래
三世一切諸如來와

최승보리제행원
最勝菩提諸行願을

아개공양원만수
我皆供養圓滿修하야

이보현행오보리
以普賢行悟菩提로다

일체여래유장자
一切如來有長子하니

피명호왈보현존
彼名号曰普賢尊이라

아금회향제선근
我今迴向諸善根하야

원제지행실동피
願諸智行悉同彼로다

원신구의항청정
願身口意恒淸淨하며

제행찰토역부연
諸行剎土亦復然이니

여시지혜호보현
如是智慧号普賢이라

원아여피개동등
願我與彼皆同等이로다

삼세의 일체 모든 여래의
가장 수승한 보리의 모든 행원을
내가 다 공양 올리고 원만히 닦아서
보현행으로 보리를 이루리라.

일체 여래께 장자가 있으니
그 명호는 보현존이라
내가 이제 모든 선근을 회향하여
모든 지혜와 행이 다 그와 같아지기를 원합니다.

원하오니 몸과 입과 뜻이 항상 청정하고
모든 행과 세계 또한 다시 그러하며
이와 같은 지혜를 보현이라 이름하니
내가 그와 더불어 다 같아지기를 원합니다.

아위변정보현행
我爲徧淨普賢行과

문수사리제대원
文殊師利諸大願하야

만피사업진무여
滿彼事業盡無餘하야

미래제겁항무권
未來際劫恒無倦이로다

아소수행무유량
我所修行無有量하야

획득무량제공덕
獲得無量諸功德하며

안주무량제행중
安住無量諸行中하야

요달일체신통력
了達一切神通力이로다

문수사리용맹지
文殊師利勇猛智요

보현혜행역부연
普賢慧行亦復然하니

아금회향제선근
我今迴向諸善根하야

수피일체상수학
隨彼一切常修學이로다

내가 보현의 행과

문수사리의 모든 대원을 두루 깨끗이 하고

그 사업을 다 남김없이 원만히 하여

미래제의 겁 동안 항상 게으름이 없으며

내가 수행하는 바가 한량이 없어서

한량없는 모든 공덕을 얻으며

한량없는 모든 행 가운데 안주하여

일체 신통력을 요달하리라.

문수사리의 용맹한 지혜와

보현의 지혜행도 또한 다시 그러하니

내가 이제 모든 선근을 회향하여

그분들을 따라 일체를 항상 수학하리라.

삼세제불소칭탄
三世諸佛所稱歎인

여시최승제대원
如是最勝諸大願을

아금회향제선근
我今迴向諸善根하야

위득보현수승행
爲得普賢殊勝行이로다

원아임욕명종시
願我臨欲命終時에

진제일체제장애
盡除一切諸障礙하고

면견피불아미타
面見彼佛阿彌陀하야

즉득왕생안락찰
即得往生安樂刹이로다

아기왕생피국이
我既往生彼國已에

현전성취차대원
現前成就此大願하야

일체원만진무여
一切圓滿盡無餘하야

이락일체중생계
利樂一切衆生界로다

삼세 모든 부처님께서 드날려 찬탄하신 바인
이와 같은 가장 수승한 모든 대원이여,
내가 이제 모든 선근을 회향하여
보현의 수승한 행을 얻으려 합니다.

원하오니 내가 목숨을 마치려 할 때에 다달아
일체 모든 장애를 다 없애고
아미타 부처님을 만나 뵈어
곧 안락세계에 왕생하여지이다.

내가 이미 그 국토에 왕생하고는
눈 앞에서 이 대원을 성취하여
일체를 다 남김없이 원만히 하여
일체 중생계를 이롭고 즐겁게 하리라.

피불중회함청정
彼佛眾會咸淸淨이어든

아시어승연화생
我時於勝蓮華生하야

친도여래무량광
親覩如來無量光이

현전수아보리기
現前授我菩提記로다

몽피여래수기이
蒙彼如來授記已에

화신무수백구지
化身無數百俱胝하며

지력광대변시방
智力廣大徧十方하야

보리일체중생계
普利一切眾生界로다

내지허공세계진
乃至虛空世界盡하야

중생급업번뇌진
眾生及業煩惱盡이여

여시일체무진시
如是一切無盡時니

아원구경항무진
我願究竟恒無盡이로다

그 부처님께 모인 대중이 다 청정하고
내가 이때 수승한 연꽃에 태어나서
여래의 무량한 광명을 친히 뵈오며
그 앞에서 나에게 보리의 수기를 주시리라.

그 여래의 수기를 받고는
수없는 백 구지의 몸으로 변화하며
지혜의 힘이 광대하여 시방에 두루해서
널리 일체 중생계를 이롭게 하리라.

내지 허공 세계가 다하며
중생과 업과 번뇌가 다하며
이와 같이 일체가 다함없는 때에
나의 원도 구경에 항상 다함없으리라.

시방소유무변찰
十方所有無邊刹에

장엄중보공여래
莊嚴衆寶供如來하며

최승안락시천인
最勝安樂施天人하야

경일체찰미진겁
經一切刹微塵劫이라도

약인어차승원왕
若人於此勝願王에

일경어이능생신
一經於耳能生信하야

구승보리심갈앙
求勝菩提心渴仰하면

획승공덕과어피
獲勝功德過於彼로다

즉상원리악지식
即常遠離惡知識하며

영리일체제악도
永離一切諸惡道하고

속견여래무량광
速見如來無量光하야

구차보현최승원
具此普賢最勝願하면

시방에 있는 바 가없는 세계의

장엄한 온갖 보배를 여래께 공양 올리며

가장 수승한 안락을 천신과 인간에게 베풀어

일체 세계 미세한 티끌 수의 겁을 지날지라도

어떤 사람이 이 수승한 원왕에

한 번 귀에 스치어 능히 신심을 내어서

수승한 보리를 구하는 마음이 간절하면

수승한 공덕을 얻음이 저보다 초과하리라.

곧 항상 악지식을 멀리 여의고

일체 모든 악도를 길이 여의며

속히 여래의 한량없는 광명을 뵙고

이 보현의 가장 수승한 원을 갖추면

차인선득승수명
此人善得勝壽命하며

차인선래인중생
此人善來人中生하며

차인불구당성취
此人不久當成就

여피보현보살행
如彼普賢菩薩行하리라

왕석유무지혜력
往昔由無智慧力하야

소조극악오무간
所造極惡五無間이라도

송차보현대원왕
誦此普賢大願王하면

일념속질개소멸
一念速疾皆銷滅하며

족성종류급용색
族姓種類及容色과

상호지혜함원만
相好智慧咸圓滿하며

제마외도불능최
諸魔外道不能摧하야

감위삼계소응공
堪爲三界所應供하리라

이 사람은 수승한 수명을 잘 얻고
이 사람은 잘 와서 사람 가운데 나며
이 사람은 오래지 않아 마땅히
그와 같은 보현 보살의 행을 성취하리라.

옛적에 지혜의 힘이 없음을 말미암아
지은 바 극악한 다섯 가지 무간이라도
이 보현의 대 원왕을 독송하면
한 생각에 속히 모두 소멸하리라.

종족의 종류와 용모의 형색과
상호와 지혜가 다 원만하며
모든 마군과 외도가 꺾을 수 없고
삼계의 공양에 응할 바가 되리라.

속예보리대수왕
速詣菩提大樹王하야

좌이항복제마중
坐已降伏諸魔衆하고

성등정각전법륜
成等正覺轉法輪하야

보리일체제함식
普利一切諸含識하리라

약인어차보현원
若人於此普賢願에

독송수지급연설
讀誦受持及演說하면

과보유불능증지
果報唯佛能證知니

결정획승보리도
決定獲勝菩提道하리라

약인송차보현원
若人誦此普賢願하면

아설소분지선근
我說少分之善根을

일념일체실개원
一念一切悉皆圓하야

성취중생청정원
成就衆生清淨願하리라

큰 보리수왕에 속히 나아가
앉아서 모든 마군들을 항복시키고
등정각을 이루고 법륜을 굴려서
널리 일체 모든 함식들을 이익케 하리라.

누구든지 이 보현의 원을
독송하고 수지하고 연설하면
과보는 오직 부처님만 능히 증득해 아시리니
결정코 수승한 보리도를 얻으리라.

누구든지 이 보현의 원을 독송하면
내가 선근의 조금만 말하되
한 생각에 일체를 모두 다 원만히 하여
중생의 청정한 원을 성취하리라.

아 차 보 현 수 승 행
我此普賢殊勝行의

무 변 승 복 개 회 향
無邊勝福皆迴向하야

보 원 침 익 제 중 생
普願沈溺諸衆生으로

속 왕 무 량 광 불 찰
速往無量光佛刹하야지이다

이 시　보 현 보 살 마 하 살　어 여 래 전　설 차 보
爾時에 普賢菩薩摩訶薩이 於如來前에 說此普

현 광 대 원 왕 청 정 게 이　　선 재 동 자　용 약
賢廣大願王淸淨偈已하신대 善財童子가 踊躍

무 량　　일 체 보 살　개 대 환 희　여 래　찬
無量하며 一切菩薩이 皆大歡喜어늘 如來가 讚

언　　선 재 선 재
言하사대 善哉善哉라하시니라

이 시　세 존　여 제 성 자 보 살 마 하 살　연 설
爾時에 世尊이 與諸聖者菩薩摩訶薩로 演說

내가 이 보현의 수승한 행의
가없는 수승한 복을 다 회향하오니
널리 고통에 빠져 있는 모든 중생들이
무량광 부처님 세계에 속히 왕생하여지이다.

그때에 보현 보살마하살이 여래의 앞에서
이 보현의 넓고 큰 원왕의 청정한 게송을 설
해 마치니, 선재동자가 한량없이 뛸 듯이 기
뻐하고, 일체 보살이 모두 크게 환희하니, 여
래께서 칭찬해 말씀하시되 "선재 선재"라 하시
었다.

그때에 세존께서 모든 성자인 보살마하살들
과 더불어 이와 같은 불가사의한 해탈 경계의

여시불가사의해탈경계승법문시　문수사
如是不可思議解脫境界勝法門時에　文殊師

리보살　이위상수　　제대보살　급소성
利菩薩이　而爲上首하시며　諸大菩薩과　及所成

숙육천비구　미륵보살　이위상수　　　현
熟六千比丘와　彌勒菩薩이　而爲上首하시며　賢

겁일체제대보살　무구보현보살　이위상
劫一切諸大菩薩과　無垢普賢菩薩이　而爲上

수　　일생보처　주관정위　제대보살　급
首하시며　一生補處로　住灌頂位한　諸大菩薩과　及

여시방종종세계　보래집회　일체찰해극
餘十方種種世界에　普來集會한　一切刹海極

미진수제보살마하살중　대지사리불　마
微塵數諸菩薩摩訶薩衆과　大智舍利弗과　摩

하목건련등　이위상수　제대성문　병제
訶目犍連等이　而爲上首어든　諸大聲聞과　并諸

수승한 법문을 연설하실 때에, 문수사리 보살을 상수로 한 모든 큰 보살들과 성숙된 육천 비구들과, 미륵 보살을 상수로 한 현겁의 일체 모든 큰 보살들과, 번뇌 없는 보현 보살을 상수로 한 일생보처로서 정수리에 물을 붓는 지위에 머무른 모든 큰 보살들과 그리고 나머지 시방의 갖가지 세계에서 널리 모여 온 일체 세계바다의 극히 미세한 티끌 수의 모든 보살마하살 대중들과, 큰 지혜 있는 사리불과 마하목건련 등을 상수로 한 모든 큰 성문들과, 아울러 모든 인간과 천상의 일체 세주와, 천신과 용과 야차와 건달바와 아수라와 가루라와 긴

인천일체세주   천룡야차건달바아수라가
人天一切世主와 天龍夜叉乾闥婆阿脩羅迦

루라긴나라마후라가   인비인등   일체대
樓羅緊那羅摩睺羅伽와 人非人等의 一切大

중   문불소설   개대환희   신수봉행
衆이 聞佛所說하사옵고 皆大歡喜하야 信受奉行하시니라

〈大方廣佛華嚴經 普賢行願品〉

나라와 마후라가와 사람과 사람 아닌 등의 일

체 대중이, 부처님께서 설하신 바를 듣고 모두

크게 환희하여 믿고 받아 받들어 행하였다.

〈대방광불화엄경 보현행원품〉

간행의 말씀

　귀의삼보하옵고,

　『대방광불화엄경』의 수지 독송과 유통을 발원하면서 수미정사 불전연구원에서 『독송본 한문·한글역 대방광불화엄경 보현행원품』과 『사경본 한글역 대방광불화엄경 보현행원품』을 편찬하여 간행하게 되었습니다.

　『화엄경』은 우리나라에 전래된 이래 일찍부터 사경되고 주석·강설되어 왔으며 근·현대에 이르러서는 『화엄경』의 한글 번역과 연구도 부쩍 많이 이루어졌습니다. 특히 40권 『화엄경』(「입부사의해탈경계보현행원품」)의 제40권인 「보현행원품」이 널리 독송되어 왔습니다. 그만큼 『화엄경』이 우리 불자님들의 신행과 해탈에 큰 의지처가 되었던 것임을 알 수 있습니다.

　이에 수미정사 불전연구원에서도 『화엄경』 80권과 아울러 「보현행원품」을 독송하고 사경하는 데 도움이 되도록 한문 원문과 한글역을 함께 수록한 독송본과 한글역의 사경본 『화엄경』 간행불사를 발원하였습니다.

　이 『화엄경』 간행불사에 뜻을 같이하여 적극 후원해주신 분들께 깊이 감사드립니다. 또한 『화엄경』을 수지 독송할 수 있도록 경책의 모습으로 장엄해주신 편집위원들과 담앤북스 출판사 관계자들에게도 고마움을 표합니다.

　끝으로 이 불사의 원만회향으로 『화엄경』이 널리 유통되고 온 법계에 부처님의 가피가 충만하시길 기원드립니다.

　나무 대방광불화엄경 _()_

불기 2567년 '부처님오신날'을 봉축하며
수미해주 합장

위태천신(동진보살)

수미해주 須彌海住

동국대학교 명예교수
중앙승가대학교 법인이사
대한불교조계종 수미정사 주지

독송본 한문·한글역

대방광불화엄경 보현행원품

| 초판 1쇄 발행_ 2023년 5월 24일

| 엮은이_ 수미해주
| 엮은곳_ 수미정사 불전연구원
| 편집위원_ 해주 수정 경진 선초 정천 석도 박보람 최원섭
| 편집보_ 무이 무진 지욱 혜명

| 펴낸이_ 오세룡
| 펴낸곳_ 담앤북스
　　　　　서울특별시 종로구 새문안로3길 23 경희궁의 아침 4단지 805호
　　　　　대표전화 02)765-1251 전자우편 dhamenbooks@naver.com
　　　　　출판등록 제300-2011-115호
| ISBN_ 979-11-6201-393-9 04220

정가 15,000원
ⓒ 수미해주 2023